AF242785

LES
TROMPEURS TROMPÉS,

ou

LE TRIOMPHE DE LA CHARTE.

LES
TROMPEURS TROMPÉS,

OU

LE TRIOMPHE DE LA CHARTE.

par

l'Auteur de QUE DIABLE VOULEZ-VOUS DONC?

DE L'IMPRIMERIE DE BRASSEUR AINÉ.

A PARIS,

Chez les Marchands de Nouveautés.

1815.

LES
TROMPEURS TROMPÉS,

OU

LE TRIOMPHE DE LA CHARTE.

———

Ils sont trompés ces trompeurs infatigables, ces colporteurs incorrigibles de mensonges qui tendent à nous armer de nos propres fureurs pour éloigner cette paix après laquelle soupire le genre humain! ils sont trompés ces calomniateurs audacieux de la plus auguste des familles, de cette famille que les vertus les plus éclatantes et les malheurs les moins mérités rendent si digne du respect des Français et de la vénération des âges, ces ennemis éternels de l'Etat et du trône, ces malveillans qui ne veulent ni paix, ni constitution, ni liberté sans licence, ces hypocrites maladroits pour qui le tourment de leurs semblables est un besoin, qui, voyant la France ouverte de toutes parts aux forces de l'Europe, veulent absolument que, grâce à leur zèle, les Français ne trouvent pas de plus cruels ennemis qu'eux-mêmes! ils sont trompés!... et l'Europe entière a été témoin de la fausseté de leurs assertions monstrueuses. C'est en vain que, semblables aux sauterelles dont l'Egypte eut tant à souffrir, ils se glissaient dans le palais du prince , dans le dernier asile de l'indigence, et renouvelaient en quelque sorte cette plaie si funeste aux Egyptiens; le soleil du 7 octobre a éclairé leur confusion, et a dissipé sans retour les nuages qu'avaient fait naître leurs mensonges; il a éclairé la marche triomphale du meilleur des rois au milieu des acclamations universelles de son peuple; il a éclairé la seconde apparition si désirée de ce bon Prince au milieu de la nouvelle assemblée nationale, la seule depuis vingt ans dont la mission ait été revêtue de l'assentiment non d'un parti, mais de l'élite de tous les Français. Ce bon Roi y a paru environné de toute sa famille, non pour faire apporter en triomphe le *lit de Procuste,* comme le disaient les trompeurs trompés, mais pour imiter en prince religieux le grand prophète du Roi des rois lorsque, prenant la forme du corps qu'il voulut ranimer, il lui communiqua le degré de vie dont il était susceptible : c'est dans ce moment solennel qu'a éclaté pour le plus vertueux des monarques le concert d'estime de l'Europe assemblée. Le 7 octobre a été par excellence le jour où a triomphé la bonne foi, la modération de Louis XVIII et de son auguste famille; c'est dans ee jour et dans l'assemblée la plus imposante que les descendans de tant de rois fidèles à leur parole ont juré, à la face de la nation, de l'Europe et du genre humain, de maintenir, d'observer et de perfectionner la charte constitutionnelle, ce monument de la plus haute sagesse qui réalise à jamais *une monarchie sans despotisme*, et *une liberté sans licence*. Toute l'Europe a vu l'unanimité de paroles, de sentimens et de franchise parmi les plus religieux princes. La France entière a applaudi à une si sainte union, et s'est empressée d'y joindre la sienne dans la personne de ses mandataires, douce et heureuse conquête de la bonne foi et de la modération sur les cœurs! Il ne faut donc pas s'étonner si, dans le silence religieux qui régnait pendant le discours de Louis XVIII, on sentît que le génie tutélaire de la France était à ses côtés, et lui montrait avec le sourire précurseur d'un avenir plus heureux le simulacre de la patrie présent au milieu de l'assemblée. *Plus auguste par ses malheurs, ce simulacre* vénérable parut d'abord immobile au centre des ruines qui l'environnaient, et comme accablé sous le poids de chaînes aussi injustes que pesantes; mais à la première parole royale qui le pénétra de la conviction que le Père de la patrie partageait le poids de ses peines, ses yeux, où se peignaient le plus respectueux amour, se fixèrent sur cette bouche sacrée, d'où sortaient des accens si enchanteurs; peu à peu le son si touchant de la voix paternelle ranimant ses forces, il souleva avec fierté ces mêmes chaînes que l'espérance lui rendait plus légères; bientôt il prit l'attitude d'un noble athlète, et on vit briller sur son front moins sévère la certitude de voir *fermer ses blessures*. Tel est le tableau qui doit toujours être présent au souvenir des mandataires de la patrie, et que nulle puissance humaine ne peut ravir au cœur de tout Français digne de ce nom;

tel est, dis-je, le tableau consacré à la pos-
térité par Louis XVIII au moment où il a
montré à toute l'Europe combien est grand
le souverain qui, *pouvant tout*, sait imposer
des bornes à son pouvoir. Si tant de fois
victorieux ses ancêtres donnèrent à *leurs ennemis* des leçons de retenue et de bienveil-
lance, moins heureux et aussi sage Louis
XVIII a donné à tous les rois l'exemple de
la victoire sur soi-même; supérieur à l'or-
gueil de l'autorité, il s'est arraché pour ainsi
dire aux impulsions de la puissance, pour
ne considérer que l'intérêt de son peuple : il
l'a vu gémissant de tous les maux que sa bonté
a voulu prévenir sans succès; il a vu les
membres de l'Etat déchirés, des plaies pro-
fondes sans être incurables, mais aigries par
des divisions intestines, par une habitude de
censure qui dans ses écarts franchit toutes les
bornes; mais agrandies par une indocilité
inquiète qui, au milieu de maux réels, se
repaît avec délices de défiances imaginaires;
mais aggravées par un amour de changement
qui se précipite en aveugle dans les piéges
les plus grossiers, aggravées enfin par une
facilité inouie à recevoir les impressions les
plus funestes, et à les suivre contre l'instinct

du caractère national avec une opiniâtreté inflexible, sans être arrêté ni par une bonté toute céleste, *ni par la crainte du sort qu'a subi la Pologne......*; et c'est précisément parce que le meilleur des rois a vu des plaies si difficiles à guérir qu'il a redoublé de bonté pour atteindre ce but salutaire, en sorte que si pendant son absence l'agitation du monde est venue de l'égoïsme ambitieux *d'un seul*, on peut dire que le repos du monde viendra d'un Roi qui met son égoïsme dans le bonheur *de tous*. Pour prix de tant de générosité c'est à vous, mandataires de la nation française, à vous l'appui et les colonnes de l'Etat, à faire trouver au vrai Père de la patrie, dans votre coopération, le contre-poids de toutes ses peines. Pareils à ces rivières bienfaisantes qui vont se joindre au Nil pour accroître encore la fécondité de ses ondes, soutenez son âme par la plus noble conspiration de zèle, de justice, et par la plus énergique fermeté envers les incorrigibles ; songez à *l'Europe qui vous observe*, à la France qui a les yeux fixés sur vos travaux ; songez aux affligés qu'il faut consoler, aux agitateurs qu'il faut épouvanter : il vaut mieux prévenir que réprimer.

Songez que c'est au milieu des écueils de l'égoïsme, de la cupidité, du mécontentement des amours-propres et d'une censure impitoyable que doit naviguer le vaisseau de l'Etat sans qu'il arrive une fausse manœuvre qui l'engloutirait dans l'abîme; songez que le volcan révolutionnaire, que l'on croyait éteint depuis qu'il avait comme dispersé au loin ses propres entrailles, recèle encore de nouvelles matières inflammables qui peuvent tout embraser, tout détruire; songez enfin, ô vous *notre dernière espérance !* que toutes les destinées des Français sont dans vos mains, et qu'ainsi leur reconnaissance ou leur malédiction vous attend. Mais que dis-je! tout semble nous assurer que vous seconderez le Père de la patrie; grâces à votre zèle les plaies de la France ne seront pas incurables! non, ses jours de gloire ne seront pas éteints pour toujours! non, ce bel arbre, l'ornement de l'Europe, planté par des mains royales, cultivé par tant de héros, arrosé par les sueurs des premiers guerriers du monde, ne sera point arraché par des mains étrangères! non, ce fleuve superbe, l'honneur et la gloire de l'univers, ne sera pas séparé des ruisseaux fertiles qui insensiblement agrandirent son cours magnifique! non, il ne sera jamais réduit à couler sans gloire sous des yeux étrangers après avoir perdu son nom même!..... En vain des ennemis extérieurs et intérieurs ont conspiré la perte de la France; le ciel par des prodiges sans nombre ne lui a pas rendu son Roi légitime pour laisser son œuvre imparfaite; il vient de lui donner encore une nouvelle preuve de sa protection dans le nouvel exemple de la magnanimité du grand Empereur des Russies, si cher aux Français, ainsi que dans le sacrifice qu'il a bien voulu leur faire du digne héritier des talens comme du nom d'un de leurs plus grands ministres. Tant de merveilles, dont nous sommes les témoins, depuis deux ans en faveur des Bourbons ne semblent-elles pas annoncer que Dieu veut à jamais le sang de son fils sur nos autels, le sang de Saint-Louis sur le trône?

Français, sachons donc supporter nos malheurs avec ce même courage qui nous a rendus tour à tour l'admiration et la terreur de l'Europe; écoutons la voix de la patrie qui nous invite, pour le salut de tous, à oublier nos divisions ; rallions-nous franchement et loyalement sous la bannière des descendans de

Saint-Louis et de Henri IV, de ces descendans de tant de rois qui unissent la bonté la plus touchante à toutes les vertus dont l'exemple doit régénérer nos mœurs.

Observons comme eux avec fidélité et dévouement la charte constitutionnelle, ce *palladium* de tous les amis de la patrie, cette charte qui prouvera au monde entier (avec tous les chefs-d'œuvres de notre langue) que la nation française a reçu un plus durable et plus beau lustre des monumens de l'esprit que de ceux de la victoire, qui prouvera enfin que Louis XVIII, toujours fidèle à sa parole, a fait briller, après cinq siècles, la vertu favorite de son immortel ancêtre Jean II, qui jusqu'à la mort pratiqua cette belle maxime qu'il aimait tant à répéter : *Si la justice et la bonne foi étaient bannies du reste du monde, il faudrait qu'on retrouvât encore ces vertus dans la bouche et dans le cœur des rois.*

FIN.